中等职业教育国家规划教材配套辅导用书

财政与金融基础知识习题集
CAIZHENG YU JINRONG JICHU ZHISHI XITIJI
（第4版）

主编　徐州全

中国财经出版传媒集团
中国财政经济出版社

图书在版编目（CIP）数据

财政与金融基础知识习题集／徐州全主编．--4 版．
--北京：中国财政经济出版社，2020.8（2023.9重印）
中等职业教育国家规划教材配套辅导用书
ISBN 978-7-5095-9934-1

Ⅰ.①财… Ⅱ.①徐… Ⅲ.①-财政金融-中等专业学校-习题集　Ⅳ.①F8-44

中国版本图书馆 CIP 数据核字（2020）第 139423 号

责任编辑：王　芳　　　　　责任校对：徐艳丽
封面设计：华乐功

中国财政经济出版社 出版

URL：http：//www.cfeph.cn
E-mail：jiaoyu@cfeph.cn

（版权所有　翻印必究）

社址：北京市海淀区阜成路甲28号　邮政编码：100142
营销中心电话：010-88191537
北京中兴印刷有限公司印刷　各地新华书店经销
787×1092 毫米　16 开　5.5 印张　126 000 字
2020 年 8 月第 4 版　2023 年 9 月北京第 3 次印刷
定价：13.00 元
ISBN 978-7-5095-9934-1
（图书出现印装问题，本社负责调换）
本社质量投诉电话：010-88190744
打击盗版举报热线：010-88191661　QQ：2242791300

前　言

本书是配合中等职业教育国家规划教材《财政与金融基础知识》（第4版）课堂教学，为适应中等职业教育人才目标需要，由教材编写组成员总结中等职业教育教学改革与实践经验编写而成的。为了方便教学，本习题集结构上与教材保持一致，按章编写。习题类型丰富，有单项选择题、多项选择题、判断题、名词解释、简答题、案例分析题和论述题。本习题集在筑牢基本理论基础上还重视对理论加以实践和运用的环节。其中案例分析题多选用了当下的财政资讯，引导学生关注身边的财政要闻，从资讯中学会运用已掌握的财政与金融基础理论去分析、理解财经政策，从而全面提高学生的财经素养能力。本习题集适用于中等职业学校财经类专业学生，也可作为自学参考书。

本书由徐州全担任主编。编写分工如下：张明珠副教授修订第一章；刘彩丽副教授修订第二、三章；闫慧楚修订第四、六章；徐州全副教授修订第五章；刘淑琴副教授修订第七章；傅晓娟讲师修订第八、十章；吉淑英教授修订第九章。主编徐州全提出编写大纲、编写体例，并最后总纂定稿。

书中或有不足之处，敬请广大师生在使用后提出意见与建议。

徐州全
2020 年 7 月

目 录

第一章　财政概述 …………………………………………………………（ 1 ）

第二章　公共财政支出 ……………………………………………………（ 7 ）

第三章　公共财政收入 ……………………………………………………（ 15 ）

第四章　政府预算 …………………………………………………………（ 23 ）

第五章　金融概述 …………………………………………………………（ 30 ）

第六章　银行 ………………………………………………………………（ 38 ）

第七章　保险 ………………………………………………………………（ 47 ）

第八章　金融市场 …………………………………………………………（ 57 ）

第九章　国际金融 …………………………………………………………（ 67 ）

第十章　财政政策与货币政策 ……………………………………………（ 74 ）

第一章 财政概述

一、单项选择题

1. 财政分配的执行者是（   ）。
   A. 政府　　　　　　　　　　　　B. 财政部门
   C. 政党　　　　　　　　　　　　D. 国家

2. 财政分配的目的是（   ）。
   A. 满足社会公共需要　　　　　　B. 保证国家实现其职能的需要
   C. 满足经济建设需要　　　　　　D. 国防需要

3. 财政收入分配的目标是（   ）。
   A. 实现共同富裕　　　　　　　　B. 实现社会公平
   C. 消灭贫困　　　　　　　　　　D. 维护效率

4. 具有外部正效应的典型社会现象是（   ）。
   A. 应用科研　　　　　　　　　　B. 污染工业
   C. 卷烟企业　　　　　　　　　　D. 农业科研

5. 市场运行机制的核心是（   ）。
   A. 价格机制　　　　　　　　　　B. 供求机制
   C. 竞争机制　　　　　　　　　　D. 风险机制

6. 财政是以（   ）为主体的经济行为。
   A. 社会　　　　　　　　　　　　B. 政府
   C. 企业　　　　　　　　　　　　D. 个人

7. 以下属于准公共产品的是（   ）。
   A. 行政管理　　　　　　　　　　B. 国防设施
   C. 基础教育　　　　　　　　　　D. 高等教育

8. 财政稳定经济职能的主要任务是（   ）。
   A. 充分就业　　　　　　　　　　B. 物价稳定
   C. 调节总供给与总需求的平衡　　D. 经济增长

9. 财政分配的对象主要是（   ）。
   A. 剩余产品　　　　　　　　　　B. 商品价值

C. 国民生产总值　　　　　　　　　　D. 社会总产值

10. 在市场经济条件下，义务教育实质上是一种（　　）。
A. 私人需要　　　　　　　　　　　　B. 社会公共需要
C. 团体需要　　　　　　　　　　　　D. 混合性需要

二、多项选择题

1. 公共物品的特征有（　　）。
A. 非排他性　　　　　　　　　　　　B. 非竞争性
C. 合理性　　　　　　　　　　　　　D. 公益性

2. 经济稳定的含义是（　　）。
A. 充分就业　　　　　　　　　　　　B. 物价稳定
C. 需求旺盛　　　　　　　　　　　　D. 国际收支平衡

3. 财政配置资源的职能是要实现资源配置最大的（　　）。
A. 经济效益　　　　　　　　　　　　B. 社会效益
C. 微观效益　　　　　　　　　　　　D. 个人效益

4. 属于外部负效应的社会现象是（　　）。
A. 污染企业　　　　　　　　　　　　B. 卷烟企业
C. 农业科研　　　　　　　　　　　　D. 基础教育

5. 市场缺陷的表现有（　　）。
A. 不能提供公共产品　　　　　　　　B. 外部效应
C. 垄断　　　　　　　　　　　　　　D. 信息不对称

6. 财政主要是通过（　　）等手段影响私人部门的支出方向，来直接或间接地调节社会资源在产业行业之间的配置，实现社会资源的最优配置。
A. 预算支出　　　　　　　　　　　　B. 财政补贴
C. 利率　　　　　　　　　　　　　　D. 税收

7. 财政调节居民个人收入水平主要的手段有（　　）。
A. 国债　　　　　　　　　　　　　　B. 税收
C. 转移支付　　　　　　　　　　　　D. 政府投资

8. 公共财政的职能是（　　）。
A. 资源配置职能　　　　　　　　　　B. 收入分配职能
C. 监督管理职能　　　　　　　　　　D. 调控经济职能

9. 下列选项中具有"自动稳定器"作用的是（　　）。
A. 累计税制度　　　　　　　　　　　B. 比例税制度
C. 失业救济金制度　　　　　　　　　D. 投资制度

10. 市场经济具有（　　）。
A. 法制性　　　　　　　　　　　　　B. 竞争性
C. 平等性　　　　　　　　　　　　　D. 开放性

三、判断题

1. 公共电视台的节目属于准公共产品。（　）
2. 在收入分配方面，市场经济是可以兼顾社会公平的。（　）
3. 准公共产品也同时完全具备非排他性和非竞争性。（　）
4. 财政分配是一种市场行为。（　）
5. 在经济繁荣时期，财政通过增加支出或减少税收来调节经济。（　）
6. 公平和效率是矛盾的，在市场经济初期应侧重效率，同时兼顾公平。（　）
7. 在市场经济条件下，分析市场失灵和市场缺陷是确定政府经济作用的主要依据。（　）
8. 财政职能是指财政作为一个政治范畴所固有的功能。（　）
9. 在经济的不同发展阶段，社会公共需要的主要内容是在不断发展完善的。（　）
10. 公共物品只能由政府提供。（　）

四、名词解释

1. 社会公共需要

2. 财政的经济稳定职能

3. 经济公平

4. 外部性

5. 公共产品

五、简答题

1. 市场失灵的主要表现在哪几方面?

2. 简述财政的内涵。

3. 简述财政的起源。

六、案例分析题

在我国，如果不收税，我们的社会会有哪些变化？为什么说税收取之于民，用之于民？请联系公共物品、公共资源举例讨论说明。

七、论述题

试论市场经济体制下,公共财政职能的主要内容。

第二章 公共财政支出

一、单项选择题

1. 公共财政支出包括购买性支出和转移性支出，这是（   ）。
   A. 按财政支出的具体用途分类　　　　B. 按财政支出是否取得等价补偿分类
   C. 按财政支出的经济性质分类　　　　D. 按财政支出的功能分类
2. 在市场经济条件下，政府不应介入投资的是（   ）。
   A. 公益性项目　　　　　　　　　　　B. 基础性项目
   C. 公共服务项目　　　　　　　　　　D. 竞争性项目
3. 下列不属于购买性支出的是（   ）。
   A. 债务利息支出　　　　　　　　　　B. 国防支出
   C. 公共安全支出　　　　　　　　　　D. 一般公共服务支出
4. 购买性支出是财政对经济资源的一种重新配置，具有较强的（   ）。
   A. 收入分配功能　　　　　　　　　　B. 稳定经济职能
   C. 稳定物价职能　　　　　　　　　　D. 资源配置功能
5. 下列不属于税式支出的是（   ）。
   A. 减免税　　　　　　　　　　　　　B. 延期纳税
   C. 征收附加税　　　　　　　　　　　D. 退税
6. 财政的转移性支出，不包括（   ）。
   A. 社会保障支出　　　　　　　　　　B. 财政补贴
   C. 文教卫生支出　　　　　　　　　　D. 捐赠支出
7. 典型的社会公共需要是（   ）。
   A. 高等教育支出　　　　　　　　　　B. 公共安全支出
   C. 基础工业投资支出　　　　　　　　D. 更新改造支出
8. 社会保障的核心是（   ）。
   A. 社会保险　　　　　　　　　　　　B. 社会救济
   C. 社会优抚　　　　　　　　　　　　D. 社会福利
9. 我国政府采购的主要采购方式是（   ）。
   A. 选择性采购　　　　　　　　　　　B. 公开招标采购

C. 谈判采购 D. 单一来源采购
10. 我国政府采购的模式是（   ）。
   A. 集中采购 B. 分散采购
   C. 集中与分散相结合 D. 分级采购

二、多项选择题

1. 财政支出按其能否取得等价补偿，可分为（   ）。
   A. 购买性支出 B. 转移性支出
   C. 资本性支出 D. 经济性支出
2. 一般公共服务支出包括（   ）。
   A. 人大事务 B. 政协事务
   C. 公共安全支出 D. 财政事务
3. 公共事务支出包括（   ）。
   A. 教育支出 B. 科学技术支出
   C. 医疗卫生支出 D. 公共安全支出
4. 购买性支出的主要内容包括（   ）。
   A. 债务利息支出 B. 一般公共服务支出
   C. 公共安全支出 D. 国防支出
5. 转移性支出的主要内容包括（   ）。
   A. 社会保障支出 B. 捐赠支出
   C. 文教卫生支出 D. 债务利息支出
6. 政府投资的重点是（   ）。
   A. 公益性项目 B. 基础性项目
   C. 盈利性项目 D. 竞争性项目
7. 政府采购的特点是（   ）。
   A. 资金来源的公共性 B. 采购范围的广泛性
   C. 采购规模的巨大性 D. 采购管理的公开性
8. 政府采购的方式主要有（   ）。
   A. 邀请招标 B. 公开招标采购
   C. 竞争性谈判采购 D. 单一来源采购
9. 社会保障作为一种社会制度，具有（   ）。
   A. 保障性 B. 社会性
   C. 强制性 D. 公平性
10. 社会保障制度的内容主要有（   ）。
    A. 社会保险 B. 社会救济
    C. 社会福利 D. 社会优抚
11. 财政补贴与其他财政支出形式比较，具有明显的（   ）。
    A. 政策性 B. 时效性

C. 灵活性 D. 法律性
12. 财政补贴的内容有（ ）。
A. 居民生活补贴 B. 企业政策性补贴
C. 财政贴息 D. 税式支出
13. 我国养老保险的资金主要来源于（ ）。
A. 用人单位缴纳 B. 职工个人缴纳
C. 国家补贴 D. 社会范围内筹集
14. 我国社会保险制度包括（ ）。
A. 养老保险制度 B. 失业保险制度
C. 医疗保险制度 D. 工伤保险制度
15. 财政补贴的积极作用表现为（ ）。
A. 促进社会稳定 B. 促进经济协调发展
C. 保障价格稳定 D. 促进国际贸易

三、判断题

1. 购买性支出体现的是政府的市场性再分配活动。（　）
2. 财政支出按经济分类是国际规范的分类方法，也是市场经济国家通行的做法。
（　）
3. 政府采购适用于一切使用财政资金的单位。（　）
4. 税式支出实际上是政府通过税收优惠给予纳税人的一种隐蔽性的财政补贴。
（　）
5. 政府采购制度是规范政府采购行为的唯一依据。（　）
6. 政府采购的主要方式是竞争性谈判方式。（　）
7. 竞争性项目投资主要由政府来进行。（　）
8. 在财政支出中，购买性支出的比重越大，政府对生产和就业的影响就越小。
（　）
9. 按财政支出的功能分类，财政支出可分为购买性支出和转移性支出。（　）
10. 财政补贴具有无偿性特征。（　）

四、名词解释

1. 公共财政支出

2. 购买性支出

3. 转移性支出

4. 政府采购

5. 社会保障

6. 财政补贴

五、简答题

1. 购买性支出与转移性支出有什么区别?

2. 我国社会保障制度的内容是什么?

3. 简述社会保障的特点。

4. 简述政府投资的特点及范围。

5. 政府采购的特点有哪些？

6. 税式支出的主要形式有哪些？

六、案例分析题

1. 张华是某企业的一名职工。每月企业都从他工资中扣除一小部分，帮他缴纳养老和医疗保险。而张华认为自己年轻健康，离退休还早，用自己的工资缴纳保险很不合算。因此，他向企业提出，建立社会保险所需资金应由国家全部承担，个人纳缴多少与将来回报不一致，所以拒绝缴纳养老和医疗保险。

思考分析：张华的这种做法对吗？为什么？

2. 阅读、讨论并回答。

2018年财政收支情况

据财政部统计数据显示，2018年1—12月，全国一般公共预算收入183352亿元，同比增长6.2%。其中，中央一般公共预算收入85447亿元，同比增长5.3%；地方一般公共预算本级收入97905亿元，同比增长7%。全国一般公共预算收入中的税收收入156401亿元，同比增长8.3%；非税收入26951亿元，同比下降4.7%。

一般公共预算支出的主要变化在于加强了支出预算管理，扎实推进民生事业建设，保障重点支出地需要，主要支出项目有：教育支出32222亿元，增长6.7%；科学技术支出8322亿元，增长14.5%；文化体育与传媒支出3522亿元，增长3.7%；社会保障和就业支出27084亿元，增长9.7%；医疗卫生与计划生育支出15700亿元，增长8.5%；节能环保支出6353亿元，增长13%；城乡社区支出22700亿元，增长10.2%。这些领域的支出都不同程度地增长，表明支出预算都是围绕着民生事业的，是以民生为导向的，特别是兜底线、保基本的社会保障就业支出、文化教育、医疗卫生等方面。

（资料来源：财政部国库司 2019年1月23日）

思考分析：（1）我国民生事业建设支出包括哪些内容？（2）请小组讨论如何对财税制度进行改革，才能更好地保障和改善民生？

3. 阅读、讨论并回答。

自由职业者参保有年龄限制吗？

李某，1973年1月出生，女性，1996年7月参加社会工作。由于个人的原因，她没有参加过社会保险，也没有个人的养老保险账户。目前李某已拥有某市常住户口，也有合法的经济收入，她想以自由职业者身份参加本市的社会保险。

思考分析：（1）李某是否可以以自由职业者身份参加该市的社会保险？（2）如果可以参加社会保险，如何办理参保？缴费满多少年后可以退休？

七、论述题

试述财政补贴的作用。

第三章
公共财政收入

一、单项选择题

1. 从产业结构分析，财政收入主要来源于（　　）。
   A. 第一产业　　　　　　　　　　B. 第二产业
   C. 第三产业　　　　　　　　　　D. 第四产业

2. 目前我国主要的财政收入是（　　）。
   A. 税收收入　　　　　　　　　　B. 政府非税收入
   C. 债务收入　　　　　　　　　　D. 其他收入

3. 财政收入中的利润收入属于（　　）。
   A. 税收收入　　　　　　　　　　B. 国有资本经营收入
   C. 政府收费收入　　　　　　　　D. 债务收入

4. 政府有关部门收取的民航机场管理建设费属于（　　）。
   A. 企业收入　　　　　　　　　　B. 行政事业性收费
   C. 规费收入　　　　　　　　　　D. 政府性基金收入

5. 下列不属于政府性基金收入的是（　　）。
   A. 地方教育附加收入　　　　　　B. 森林植被恢复费
   C. 国有资本经营收入　　　　　　D. 国有土地使用权出让金收入

6. 税收制度构成要素中的纳税主体是指（　　）。
   A. 纳税人　　　　　　　　　　　B. 课税对象
   C. 税率　　　　　　　　　　　　D. 纳税期限

7. 一种税区别于另一种税的重要标志是（　　）。
   A. 纳税人　　　　　　　　　　　B. 课税对象
   C. 税率　　　　　　　　　　　　D. 纳税环节

8. 下列不属于财产税的有（　　）。
   A. 个人所得税　　　　　　　　　B. 房产税
   C. 车辆购置税　　　　　　　　　D. 车船税

9. 下列不属于流转税的有（　　）。
   A. 增值税　　　　　　　　　　　B. 个人所得税

C. 关税   D. 消费税

10. 税收制度的中心环节是（ ）。
A. 税率   B. 纳税人
C. 课税对象   D. 违章处理

11. 反映征税深度的税收制度要素是（ ）。
A. 纳税人   B. 课税对象
C. 税率   D. 纳税环节

12. 对进出我国国境的货物和物品征收的税是（ ）。
A. 关税   B. 个人所得税
C. 资源税   D. 印花税

13. 国债主要是指（ ）。
A. 中央公债   B. 地方公债
C. 中央和地方公债   D. 国外公债

14. 国债作为财政收入的一种形式，不具有（ ）。
A. 有偿性   B. 无偿性
C. 自愿性   D. 灵活性

15. 目前我国向机构投资者发行的国债是（ ）。
A. 记账式国债   B. 储蓄国债
C. 特种国债   D. 经济建设国债

二、多项选择题

1. 目前我国政府财政收入分类有（ ）。
A. 税收收入   B. 非税收入
C. 债务收入   D. 转移性收入

2. 政府非税收入主要有（ ）。
A. 政府性基金收入   B. 行政事业性收费
C. 国债   D. 国有资本经营收入

3. 政府性基金收入包括（ ）。
A. 地方教育附加收入   B. 行政事业性收费
C. 城市公用事业附加收入   D. 国有土地收益基金收入

4. 按课税对象的性质不同，我国现行的税收可分为（ ）。
A. 流转税   B. 所得税
C. 资源税   D. 财产税和行为税

5. 我国现行的税率有（ ）。
A. 比例税率   B. 定额税率
C. 累进税率   D. 幅度税率

6. 国债的特征主要有（ ）。
A. 有偿性   B. 自愿性

C. 政策性 D. 灵活性
7. 国债的功能主要表现为（   ）。
   A. 为经济建设筹集资金 B. 弥补财政赤字
   C. 促进公共事业发展 D. 调节宏观经济
8. 下列属于消费税税目的有（   ）。
   A. 烟酒 B. 护肤护发品
   C. 汽车轮胎 D. 汽油
9. 我国现行税制规定的纳税期限有（   ）。
   A. 按期纳税 B. 按次纳税
   C. 按年计征 D. 按季纳税
10. 累进税率可分为（   ）。
    A. 全额累进税率 B. 超额累进税率
    C. 全率累进税率 D. 超率累进税率
11. 税收制度的构成要素有（   ）。
    A. 纳税人 B. 课税对象
    C. 税率 D. 纳税期限
12. 目前我国主要的减免税形式包括（   ）。
    A. 金额式减免 B. 税额式减免
    C. 税率式减免 D. 税基式减免
13. 我国流转税的税种有（   ）。
    A. 关税 B. 资源税
    C. 消费税 D. 增值税
14. 我国现行税制中属于资源课税的税种有（   ）。
    A. 增值税 B. 土地增值税
    C. 耕地占用税 D. 城镇土地使用税
15. 目前我国偿还国债的主要方式有（   ）。
    A. 分期偿还法 B. 到期一次偿还法
    C. 以新替旧偿还法 D. 抽签轮次法
16. 国债利率的确定，主要考虑的因素有（   ）。
    A. 金融市场利率 B. 企业利润水平
    C. 社会资金可供给量 D. 政府信誉
17. 各国政府偿还国债的资金来源有（   ）。
    A. 设立偿债基金 B. 通过预算列支
    C. 举借新债 D. 依靠政府盈余
18. 按照国债是否上市流通，国债可分为（   ）。
    A. 短期国债 B. 中期国债
    C. 上市国债 D. 非上市国债

三、判断题

1. 税收的强制性、无偿性、固定性是税收区别于其他财政收入的形式特征。（   ）
2. 农业是国民经济的基础，所以我国财政收入主要来源于农业部门。（   ）
3. 我国财政收入的主要来源是国有经济缴纳的规费。（   ）
4. 国家征税完全是为了保证国家机关正常运转所需经费来源。（   ）
5. 扣缴义务人就是负税人。（   ）
6. 我国的地方财政收入在财政总收入中占主导地位。（   ）
7. 公债就是国债。（   ）
8. 国债具有无偿性、自愿性和灵活性的特点。（   ）
9. 纳税人与负税人是一致的。（   ）
10. 凡纳税人不能将税收负担转嫁给他人的税就是直接税。（   ）
11. 印花税和契税都属于财产税。（   ）
12. 增值税实行的是价外税。（   ）
13. 国家凭借财产权力课征税收。（   ）
14. 流转税一般适用累进税率。（   ）
15. 消费税在课税范围上具有选择性。（   ）
16. 公债的发行条件主要是发行价格和利息率的确定问题。（   ）
17. 从政府财政角度看，溢价发行可以说是最为有利的，因为政府在发行价格上可以得到价差收入。（   ）
18. 现阶段，对于偿还公债的资金，世界各国最普遍的来源是设立偿债基金。（   ）

四、名词解释

1. 公共财政收入

2. 税收

3. 非税收入

4. 国债

5. 政府性基金收入

6. 税收制度

五、简答题

1. 简述我国财政收入的结构。

2. 简述税收制度的构成要素。

3. 简述流转税的特点。

4. 如何规范政府非税收入的管理?

5. 政府偿还国债的资金来源有哪些?

6. 简述国债的功能。

六、案例分析题

1. 财政部2019年1月23日召开2018年财政收支发布会，财政部预算司副司长郝磊在会上介绍，截至2018年末，我国地方政府债务余额18.39万亿元，如果以债务率（债务余额/综合财力）衡量地方政府债务水平，2018年地方政府债务率为76.6%，低于国际通行的100%~120%的警戒标准。加上中央政府债务余额14.96万亿元，按照国家统计局公布的GDP初步核算数计算，政府债务的负债率（债务余额/GDP）为37%，低于欧盟60%的警戒线，也低于主要市场经济国家和新兴市场国家水平。

"前门开大了，堵后门要更严。"郝磊表示，下一步，一方面，发挥政府规范举债的积极作用，支持重大在建项目建设和补短板；另一方面，规范政府债务管理，既要确保地方政府债券不出风险，也要严格控制地方政府隐性债务风险。

（资料来源：中国证券报中证网　2019年1月23日）

思考分析：（1）当前我国债务负债率低于欧盟和主要市场经济国家，今后应如何防范地方政府债务风险？（2）衡量债务规模的主要指标有哪些？

2. 阅读、讨论并回答问题。

工资与税收

工资水平：2016年瑞典的年人均收入就已达到了达到30.9万克朗（注：1瑞典克朗=0.78元人民币）。按大多数国家生活水平标准衡量，瑞典的生活很舒适。国民从六岁的教育到大学教育都是免费的，卫生保健福利和退休金的主要部分都是由雇主和所得税支付的。

以一名普通瑞典电工为例，他可能与他的配偶在市里有套三居室的公寓，同时还可能在乡下有间度夏小木屋。这对夫妇在负担两个小孩上日托所的同时，还能负担得起一辆生物燃料汽车和每年一次的国外休假。和所有其他瑞典工人一样，电工每年也至少享有5周的带薪假，还有带薪病假和育儿假。如果他和他的配偶有一个小孩，他们有权享有多达480天的带薪假期。如果这对夫妇均工作，他们每年共有120天的带薪假期去照看生病的孩子。

瑞典将这些福利都视作每个人的必要权利，而不论其收入或社会地位如何。这些福利确保每个孩子都能接受教育和健康成长，并保障社会各界人士都有平等的机会。这是一项集体事业：如果每个人都贡献，则每个人都能受益。

在瑞典，缴税的方式很简单：所得税每月从工资里自动扣除，直接缴纳给瑞典税务局。每个人都是单独缴税。强制性的年度纳税申报非常简单，只需用手机直接发短信给瑞典税务局确认前一年的纳税即可。

虽然瑞典居民常常缴纳比较高的税,但他们的回报是丰厚的。而且,瑞典既没有继承税也没有财产税,不动产税率也低于许多其他发达国家。

在瑞典,所缴纳税款的用途也很明确——卫生保健、教育和公共运输。政府的军事开支相当低,但是维和任务和对外援助属于政府的最优先政策。尽管对监狱系统和执法的投入很低,但在瑞典的生活还是很安全的。瑞典对被称为重要外籍人员的人提供25%的减税,根据瑞典税法,只向他们75%的薪金征税,而剩下25%的薪金在其居住在瑞典的前三年是完全免税的。"重要外籍雇员"包括那些在一家公司拥有重要职位的人、专家、工程师、许多领域的科学家和那些有着瑞典人所没有的独特专长的人。

瑞典的地方税从约29.2%到近35.2%不等。相对于我国,瑞典是个高税收、高福利的国家。

思考分析:(1)按照我国税法规定,个人所得税的纳税人如何界定?(2)比较我国与瑞典对外籍人员征收工资薪金所得税有何不同。

七、论述题

为什么说弥补财政赤字是国债的基本功能?

第四章 政府预算

一、单项选择题

1. 预算年度的期限通常为（　　）。
   A. 一年　　　　　　　　　　B. 两年
   C. 三年　　　　　　　　　　D. 四年

2. 担负地方行政管理和经济建设、文化教育、卫生事业以及抚恤等支出的是（　　）。
   A. 中央预算　　　　　　　　B. 地方预算
   C. 部门预算　　　　　　　　D. 单位预算

3. 负责编制预算草案的部门是（　　）。
   A. 国务院　　　　　　　　　B. 各级政府
   C. 财政部门　　　　　　　　D. 司法机关

4. 把全部的预算收支按经济性质汇编入两个以上的收支对照表，从而编成两个以上的预算称为（　　）。
   A. 零基预算　　　　　　　　B. 绩效预算
   C. 单式预算　　　　　　　　D. 复式预算

5. 负责编制部门预算的是（　　）。
   A. 财政部门　　　　　　　　B. 政府各部门
   C. 立法机构　　　　　　　　D. 企事业单位

6. 未经法定程序审查批准的政府预算，属于（　　）。
   A. 概算　　　　　　　　　　B. 预算草案
   C. 法定预算　　　　　　　　D. 预算

7. 中央预算的执行机关是（　　）。
   A. 国务院　　　　　　　　　B. 财政部门
   C. 中央银行　　　　　　　　D. 海关

8. 为解决在预算执行中某些临时性急需和事前难以预料的特殊开支而进行预算调整的方法，应为（　　）。
   A. 动用预备费　　　　　　　B. 预算的追加

C. 经费流用 D. 预算划转

9. 预算单位要定期向（　　）报送单位支出管理绩效工作情况和项目绩效评价报告。
A. 财政部门 B. 人大
C. 同级政府 D. 监察部门

10. 政府预算决算的审批机关是（　　）。
A. 各级财政部门 B. 各级人民政府
C. 各级人民代表大会 D. 国务院

二、多项选择题

1. 政府预算具有（　　）。
A. 预测性 B. 法律性
C. 综合性 D. 间接性

2. 政府预算程序包括（　　）。
A. 预算编制 B. 预算执行
C. 预算调整 D. 决算

3. 政府预算的原则包括（　　）。
A. 完整性 B. 统一性
C. 可靠性 D. 公开性

4. 目前，我国分税制预算管理体制规定中央与地方共享的收入包括（　　）。
A. 消费税 B. 增值税
C. 资源税 D. 证券交易税

5. 按预算的管理范围划分，政府预算可分为（　　）。
A. 总预算 B. 部门预算
C. 单位预算 D. 事业预算

6. 按预算编制的方法划分，政府预算可分为（　　）。
A. 总预算 B. 单位预算
C. 零基预算 D. 绩效预算

7. 目前，我国政府预算体系由（　　）构成。
A. 一般公共预算 B. 政府性基金预算
C. 国有资本经营预算 D. 社会保险基金预算

8. 社会保险基金预算按险种分别编制，包括（　　）。
A. 企业职工基本养老保险基金预算 B. 失业保险基金预算
C. 城镇职工基本医疗保险基金预算 D. 工伤保险基金预算

9. 《中华人民共和国预算法》规定，各级预算应当遵循（　　）原则。
A. 统筹兼顾 B. 勤俭节约
C. 讲求绩效 D. 收支平衡

10. 预算绩效管理的原则包括（　　）。
A. 相关性原则 B. 重要性原则

C. 可比性原则 D. 经济性原则
11. 根据地方政府使用补助资金权限的大小，可以把政府间转移支付分为（　　）。
A. 一般性转移支付 B. 特殊转移支付
C. 补助性转移支付 D. 专项转移支付
12. 预算绩效评价标准包括（　　）。
A. 计划标准 B. 行业标准
C. 历史标准 D. 其他经财政部门确认的标准
13. 预算公开主体是（　　）。
A. 各级政府 B. 各级政府财政部门
C. 政府各部门 D. 各企事业单位

三、判断题

1. 政府预算是具有法律效力的国家基本财政收支计划，它从根本上决定政府的活动范围和方向。（　　）
2. 我国大陆地区及香港地区的预算年度都采用历年制。（　　）
3. 单式预算的优点主要是编制方法简洁明了，能集中反映政府主要财力的来源、去向和平衡情况。（　　）
4. 各级人民政府是审查、批准预算、决算的权力机关。（　　）
5. 各级财政部门是预算管理的职能部门。（　　）
6. 政府决算是预算计划管理的起点。（　　）
7. 根据《中华人民共和国预算法》的规定，我国政府预算按照单式预算编制。（　　）
8. 地方预算在政府预算体系中占主导地位。（　　）
9. 预算的追加追减会改变原核定的预算总额。（　　）
10. 在预算执行的调整中，经常进行的是全局调整。（　　）
11. 绩效目标是由财政部门提出的。（　　）
12. 我国的国库由中国银行管理。（　　）
13. 绩效评价指标分为共性指标和个性指标。（　　）

四、名词解释

1. 政府预算

2. 零基预算

3. 复式预算

4. 政府决算

5. 预算绩效管理

五、简答题

1. 如何理解政府预算的含义?

2. 分析政府预算的特征。

3. 我国政府预算体系是如何组成的?

4. 简述局部预算调整的方法。

5. 简述我国预算绩效管理的主要内容。

六、案例分析题

2018年中国中央财政加大对地方转移支付力度

中国财政部3日介绍，2018年中央财政不断加大对地方转移支付力度，提高转移支付资金效率，推进基本公共服务均等化，特别是在中央和地方财政收入增速均有所放缓的情况下，保障地方财政尤其是中西部财政困难地区平稳运行。

财政部介绍，2018年中央对地方转移支付预算6.22万亿元（人民币，下同），比上年增长9%，增幅为2013年以来最高。对地方一般性转移支付预算3.9万亿元，比上年增长10.9%，其中：西部地区1.71万亿元，占比44.4%，中部地区1.65万亿元，占比42.8%，有力增强了中西部地区财力，提高了基本公共服务均等化水平。

2018年中央财政安排老少边穷转移支付2142.8亿元，比上年增长16.9%，比全国转移支付平均增幅高7.9个百分点，支持革命老区、民族地区、边疆地区、贫困地区加快补齐基础设施、公共服务、生态环境、产业发展等短板，打赢精准脱贫攻坚战，确保与全国同步实现全面建成小康社会。

2018年中央财政安排县级基本财力保障机制奖补资金2462.79亿元，重点向财政收入下降较大，保工资、保运转、保基本民生增支较多的资源能源型地区、主导产业衰退的东北地区和其他县级财政困难的地区倾斜，帮助兜住底线。支持重点生态功能区建设，提高国家重点生态功能区等生态功能重要地区所在地政府的基本公共服务保障能力。

与此同时，综合运用财税政策支持区域协调发展。财政部介绍，积极推进实施"一带一路"建设、京津冀协同发展、长江经济带发展、粤港澳大湾区建设等国家重大战略，提升基本公共服务均等化水平，促进区域协调发展向更高水平和更高质量迈进。积极推进西部大开发、振兴东北地区等老工业基地、促进中部地区崛起、鼓励东部地区率先发展，深入推进西部、东北、中部、东部四大板块发展、融通。支持推进重点区域协调发展。

（资料来源：中国新闻网2019-01-04）

思考分析：我国政府间转移支付的主要形式、结构如何？如何建立通过政府间转移支付实现基本公共服务均等化的长效机制？

第五章
金融概述

一、单项选择题

1. 我国金融体系的核心是（　　）。
   A. 商业银行　　　　　　　　　　B. 中央银行
   C. 政策性银行　　　　　　　　　D. 非银行金融机构

2. 我国金融体系的主体是（　　）。
   A. 中央银行　　　　　　　　　　B. 商业银行
   C. 政策性银行　　　　　　　　　D. 非银行金融机构

3. 我国四大国有商业银行中首家上市的银行是（　　）。
   A. 中国工商银行　　　　　　　　B. 中国建设银行
   C. 中国银行　　　　　　　　　　D. 中国农业银行

4. 我国第一家完全由企业法人持股的股份制商业银行是（　　）。
   A. 招商银行　　　　　　　　　　B. 中国光大银行
   C. 交通银行　　　　　　　　　　D. 中国民生银行

5. 现代信用制度的基础是（　　）。
   A. 银行信用　　　　　　　　　　B. 国家信用
   C. 商业信用　　　　　　　　　　D. 消费信用

6. 我国一般采用的利息率是（　　）。
   A. 年利率　　　　　　　　　　　B. 月利率
   C. 日利率　　　　　　　　　　　D. 厘利率

7. 一般而言，在本金、期限确立的条件下，利息的多少决定于（　　）。
   A. 利率的高低　　　　　　　　　B. 计算方法
   C. 期限长短　　　　　　　　　　D. 资金使用效率

8. 一国利率体系的核心是（　　）。
   A. 长期利率　　　　　　　　　　B. 市场利率
   C. 官定利率　　　　　　　　　　D. 固定利率

9. 在现代金融体系中，被称为"金融百货公司"的是（　　）。
   A. 中央银行　　　　　　　　　　B. 商业银行

C. 政策性银行   D. 信托公司

10. 我国第一家以公有制为主体的全国性股份制商业银行是（　　）。

    A. 招商银行   B. 中国光大银行

    C. 交通银行   D. 中国民生银行

11. 在社会消费总量一定的前提下，居民货币收入中多少用于消费，多少用于储蓄，取决于（　　）。

    A. 利率高低   B. 物价水平

    C. 商品质量   D. 收入高低

12. 目前我国现金回笼的主要渠道是（　　）。

    A. 服务回笼   B. 商品回笼

    C. 财政回笼   D. 信用回笼

13. 目前世界各国主要实行（　　）货币制度。

    A. 银本位制   B. 金银复本位制

    C. 金本位制   D. 不兑现的信用

14. 现代金融最主要的作用是（　　）。

    A. 信用中介   B. 资金存储

    C. 保证支付   D. 信用贷款

二、多项选择题

1. 信用货币的主要形式有（　　）。

   A. 纸币   B. 存款货币

   C. 金属货币   D. 代用货币

2. 信用作为价值运动的形式与其他一系列价值运动形式相比较，所独有的特征是（　　）。

   A. 价值单方面让渡   B. 价值对等转移和运动

   C. 以偿还为条件   D. 计付利息

3. 商业信用具有以下特征（　　）。

   A. 以商品形态提供的信用   B. 直接信用

   C. 是弥补财政赤字的重要工具   D. 债权人与债务人都是商品生产者

4. 货币的两个最基本职能是（　　）。

   A. 价值尺度   B. 支付手段

   C. 流通手段   D. 贮藏手段

5. 我国的商业银行有（　　）。

   A. 中国人民银行   B. 中国建设银行

   C. 中国工商银行   D. 中国银行

6. 货币形式的发展，大体上经历了（　　）等几种形式。

   A. 实物货币   B. 金属货币

   C. 代用收支   D. 信用收支

7. 货币流通的形式包括（　　）。
   A. 现金流通　　　　　　　　　　B. 非现金流通
   C. 财政收支　　　　　　　　　　D. 信贷收支
8. 在现代社会经济中，信用形式主要有（　　）。
   A. 商业信用　　　　　　　　　　B. 银行信用
   C. 国家信用　　　　　　　　　　D. 消费信用
9. 消费信用形式主要是（　　）。
   A. 赊销　　　　　　　　　　　　B. 预付定金
   C. 预付货款　　　　　　　　　　D. 消费贷款
10. 我国的政策性银行是（　　）。
    A. 国家开发银行　　　　　　　　B. 中国农业银行
    C. 中国农业发展银行　　　　　　D. 中国进出口银行
11. 我国的金融监管机构有（　　）。
    A. 中国银监会　　　　　　　　　B. 中国证监会
    C. 中国保监会　　　　　　　　　D. 中国人民银行
12. 目前我国现金投放的主要渠道有（　　）。
    A. 对个人工资、奖金发放　　　　B. 农副产品收购
    C. 企业、单位部分管理费支出　　D. 财政信贷支出
13. 目前我国非现金流通的主要渠道有（　　）等。
    A. 商品交易结算　　　　　　　　B. 劳务或服务结算
    C. 财政收支　　　　　　　　　　D. 资金拨缴
14. 信用关系是由（　　）构成的债权债务关系。
    A. 借者　　　　　　　　　　　　B. 贷者
    C. 政府　　　　　　　　　　　　D. 银行
15. 我国的非银行金融机构主要有（　　）等。
    A. 保险公司　　　　　　　　　　B. 信托投资公司
    C. 证券机构　　　　　　　　　　D. 贷款公司

三、判断题

1. 市场经济越发达，金融在社会中的地位越重要。　　　　　　　　（　　）
2. 所谓货币形式，就是以什么材料来充当货币。　　　　　　　　　（　　）
3. 货币在执行价值尺度职能时，必须是现实的货币。　　　　　　　（　　）
4. 商品经济是金融高度发展的产物。　　　　　　　　　　　　　　（　　）
5. 金属货币是人类历史上最古老的货币。　　　　　　　　　　　　（　　）
6. 信用货币不能与金属货币相兑换。　　　　　　　　　　　　　　（　　）
7. 商业银行是我国唯一发行货币的银行。　　　　　　　　　　　　（　　）
8. 港元是香港特别行政区的法定货币。　　　　　　　　　　　　　（　　）
9. 信用就是人与人之间的一种信任程度。　　　　　　　　　　　　（　　）

10. 利息实质上是利润的一部分。　　　　　　　　　　　　　　　（　　）
11. 官定利率是由国务院确定的。　　　　　　　　　　　　　　　（　　）
12. 市场利率是由市场资金的供求关系所决定的。　　　　　　　　（　　）
13. 基准利率在整个金融市场和整个利率体系中处于关键地位，起决定性作用。
　　　　　　　　　　　　　　　　　　　　　　　　　　　　　（　　）
14. 非银行金融机构与银行的主要区别在于是否对外发放贷款。　　（　　）
15. 商品流通是由货币流通引起并为货币流通服务的。　　　　　　（　　）
16. 我国的非现金流通是以非银行金融机构为中心进行的。　　　　（　　）
17. 代用货币是一种足值的货币。　　　　　　　　　　　　　　　（　　）
18. 本位币在流通中具有无限法偿能力。　　　　　　　　　　　　（　　）
19. 在不兑现信用货币制度下，银行存款和纸币一样发挥货币相同的职能作用。
　　　　　　　　　　　　　　　　　　　　　　　　　　　　　（　　）

四、名词解释

1. 金融

2. 信用

3. 商业信用

4. 消费信用

5. 利息

五、简答题

1. 现代金融具有哪些特征?

2. 简述金融在社会经济中的地位。

3. 简述货币的职能。

4. 信用有哪些功能?

5. 利息在微观经济中有哪些作用?

六、业务计算题

1. 某储户 2018 年 11 月 1 日存入两年期定期储蓄 10000 元，年利率 3.25%。试计算到期储户实际得到的利息是多少？

2. 李某 2018 年 11 月 1 日存入 2 年期定期储蓄 5000 元，利率为 2.5%，李某于 2020 年 12 月 1 日才支取，支取日活期储蓄存款利率为 0.36%。试计算到期储户实际得到的本利和是多少？

3. 某企业债券以复利计算，年息 10%。两年还本付息。某人购 2000 元债券，问两年后可得本利和是多少？

七、案例分析题

1. 我们经常在商业银行接触到很多理财产品，商业银行在宣传资料中针对不同期限的产品通常会使用看上去最诱人的那个收益率。因此，在比较理财产品收益率的时候，应该注意其对应的时间概念。

例如，某理财产品理财期限是 2 年期，累计收益率为 7%，那么它的年收益率应该是 3.5%。某理财产品理财期限是 6 个月，年收益率为 3%，那么实际到期的收益率应该是 1.5%。

思考分析：什么是累计收益率、年收益率、实际收益率？我们在购买理财产品时应该怎样避免遭受损失？

2. 阅读、讨论后再回答。

首套房贷款利率达到基准利率 1.135 倍，连续 16 月上涨

从 2017 年 1 月份至 2018 年 4 月，全国首套房平均利率已连续 16 个月上涨。

2018 年 4 月，全国首套房贷款平均利率为 5.56%，相当于基准利率 1.135 倍，环比 3 月上升 0.91%，同比去年 4 月首套房贷款平均利率 4.52%，上升 23.01%。值得关注的是，从 2017 年 1 月份至 2018 年 4 月，全国首套房平均利率已连续 16 个月上涨。

在全国 35 个城市 533 家银行中，有 76 家银行分（支）行首套房贷款利率上升，占比 14.26%，有 26 家银行分（支）行暂停受理首套房贷业务。2018 年 4 月，银行首套房贷款平均利率最低为基准 1.088 倍；银行首套房贷款平均利率最高为基准 1.196 倍；工商银行、农业银行、中国银行、建设银行国有四大行首套房贷款平均利率均已超基准利率上浮 12%。

对购房人来说，房贷利率上浮最直接的影响莫过于购房成本增加。以北京地区为例，2018 年 4 月，工行、建行、中行和农行集体将北京地区首套房贷款利率上调为央行基准利率的 1.1 倍，二套房仍按照基准利率上浮 20% 执行。

首套房贷利率从原来基准利率的 4.9%，上调到 1.1 倍的 5.39%，如果按 100 万元贷款、25 年期计算，月供从 5787.8 元增加至 6075.4 元。相比"317"楼市新政前的利率 85 折优惠来说，月供则增加了 1202.7 元。

此外，在监测的全国 35 个城市中，首套房利率最低为上海的 5.13%，最高为郑州的 5.96%。"全国首套房贷款平均利率继续上涨，其中二线城市上涨幅度已超越一线城市，二线城市利率的大幅上涨直接拉升了整体的平均利率。一线城市利率在上一轮大幅调整后已恢复平稳，部分银行出现微调。"融 360 分析师李唯一说。

融 360 分析认为，通过限购、限售、限贷等一系列政策组合拳，目前市场中投机资金已出现大范围离场，从统计局数据来看，当前刚需成为市场交易中的主要支撑，未来刚需仍将继续支撑交易市场。对于银行来说，对贷款需求的审核及发放或将更加严格，从各业务收益上来看，房贷业务优势明显减弱。

思考分析：（1）什么是基准利率？我国基准利率有哪些？（2）首套房贷款利率（银行）上涨对住房价格有何影响？（3）房贷款利率变化对青年人生活有哪些影响？

八、论述题

试述影响利息率高低的因素。

第六章
银 行

一、单项选择题

1. 一国制定和执行政府货币政策的金融机构是（　　）。
   A. 商业银行　　　　　　　　　　B. 中央银行
   C. 政策性银行　　　　　　　　　D. 专业银行
2. 我国的中央银行是（　　）。
   A. 中国工商银行　　　　　　　　B. 中国农业银行
   B. 中国人民银行　　　　　　　　D. 中国建设银行
3. 可供中央银行在金融市场上买卖的最主要的有价证券是（　　）。
   A. 政府债券　　　　　　　　　　B. 贴现票据
   C. 承兑票据　　　　　　　　　　D. 股票
4. 由国家投资创办的，以贯彻国家产业政策、区域发展政策为目的，不以营利为目标的金融机构是（　　）。
   A. 中央银行　　　　　　　　　　B. 商业银行
   C. 政策性银行　　　　　　　　　D. 乡镇银行
5. 下列属于政策性银行的是（　　）。
   A. 中国工商银行　　　　　　　　B. 城市商业银行
   C. 中国光大银行　　　　　　　　D. 国家开发银行
6. 我国目前对银行业进行监督管理的机构是（　　）。
   A. 中国银行保险监督管理委员会　　B. 中国证券监督管理委员会
   C. 中国保险监督管理委员会　　　　D. 中国人民银行
7. 目前我国商业银行办理的信托业务主要包括（　　）等。
   A. 经营　　　　　　　　　　　　B. 管理
   C. 代办事务　　　　　　　　　　D. 委托贷款
8. 属于中央银行负债业务的是（　　）。
   A. 再贴现业务　　　　　　　　　B. 公开市场业务
   C. 黄金储备业务　　　　　　　　D. 货币发行业务
9. 商业银行最基本的职能是（　　）。

A. 支付中介职能 B. 信用中介职能
C. 信用创造职能 D. 流通中介职能

10. （　　）是商业银行最主要的资产业务，也是商业银行利润的主要来源。
A. 现金业务 B. 贷款业务
C. 投资业务 D. 票据贴现业务

11. 商业银行的（　　）是商业银行最经常、最普遍的中间业务。
A. 结算业务 B. 代理业务
C. 租赁业务 D. 信息咨询业务

二、多项选择题

1. 中央银行在业务经营中不与其他银行竞争，它是作为（　　）的身份出现的。
A. 银行的银行 B. 最后贷款人
C. 政府的银行 D. 金融管理者

2. 各国中央银行的主要业务一般包括（　　）等几类。
A. 资产业务 B. 负债业务
C. 中间业务 D. 转账业务

3. 中央银行的负债业务有（　　）等几项。
A. 货币发行业务 B. 存款准备金业务
C. 代理国库业务 D. 国际金融机构负债业务

4. 中央银行的资产业务有（　　）等几项。
A. 贷款业务 B. 再贴现业务
C. 有价证券买卖业务 D. 黄金外汇储备业务

5. 商业银行的借款业务主要有（　　）等几种形式。
A. 向中央银行借款 B. 同业拆借
C. 金融债券 D. 从国际金融市场借款

6. 商业银行的资产业务包括（　　）等。
A. 现金资产 B. 贷款业务
C. 投资业务 D. 存款业务

7. 商业银行贷款按其贷款保障形式可分为（　　）等几种。
A. 信用贷款 B. 保证贷款
C. 抵押贷款 D. 质押贷款

8. 商业银行的中间业务主要包括（　　）等。
A. 结算业务 B. 信托业务
C. 租赁业务 D. 代理业务

9. 商业银行主要的个人存款类型有（　　）等几种。
A. 活期存款 B. 定期存款
C. 定活两便存款 D. 教育储蓄存款

10. 现代租赁业务按其性质可分为（　　）等。

A. 融资性租赁 B. 经营性租赁
C. 综合性租赁 D. 财产租赁

11. 中央银行的业务经营对象是（　　）。
A. 工商企业 B. 个人
C. 政府 D. 金融机构

12. 商业银行的业务经营对象是（　　）。
A. 工商企业 B. 个人
C. 政府 D. 金融机构

13. 商业银行的存款准备金包括两部分，为（　　）。
A. 法定存款准备金 B. 现金储备金
C. 超额存款准备金 D. 坏账准备金

14. 中央银行贷款业务的贷款对象有（　　）。
A. 商业银行 B. 政府
C. 外国银行 D. 其他金融机构

15. 中央银行从事的资金清算业务包括（　　）。
A. 集中办理票据交换 B. 结清交换差额
C. 办理异地资金转移 D. 办理结账结算

16. 商业银行的负债业务主要包括（　　）等方面。
A. 各项存款 B. 各种借款
C. 自由资本金 D. 各项贷款

17. 商业银行的结算工具有（　　）等。
A. 本票 B. 支票
C. 信用证 D. 银行保函

18. 商业银行向中央银行的借款包括（　　）等方式。
A. 再贴现 B. 贴现
C. 再贷款 D. 抵押

19. 商业银行对企业单位的存款业务主要有（　　）等。
A. 单位活期存款 B. 单位定期存款
C. 单位通知存款 D. 人民币单位协定存款

20. 政策性银行的业务领域是（　　）。
A. 农业 B. 进出口贸易
C. 经济开发 D. 一般加工工业

21. 商业银行的现金资产包括（　　）。
A. 库存现金 B. 存款准备金
C. 同业存款 D. 活期存款

22. 商业银行对个人的贷款分为（　　）。
A. 住房贷款 B. 汽车贷款
C. 国家助学贷款 D. 出国留学外汇贷款

23. 商业银行的中间业务主要包括（　　）等。

A. 结算业务 B. 信托业务
C. 租赁业务 D. 代理业务

三、判断题

1. 货币发行是中央银行作为"政府的银行"职能的体现。（ ）
2. 存款准备金是中央银行作为"银行的银行"职能的体现。（ ）
3. 中央银行开展有价证券买卖业务的目的就是盈利。（ ）
4. 未经中国人民银行批准，擅自设立的金融机构属于非法机构，擅自设立金融机构的行为是一种违法行为。（ ）
5. 票据贴现实质上是银行的一种贷款性资产业务，与一般贷款业务相同。（ ）
6. 货币是一种债权凭证，是中央银行对货币持有者的债权。（ ）
7. 各国的中央银行和商业银行都能同时发行货币。（ ）
8. 中央银行的贷款是向社会提供派生存款的重要渠道。（ ）
9. 中央银行的贷款期限一般较长，并以政府债券或商业票据为担保的抵押贷款形式为主。（ ）
10. 再贴现实际上是中央银行向商业银行提供贷款。（ ）
11. 商业银行贷款按风险程度可分为正常、次级、可疑和损失四级。（ ）
12. 我国《商业银行法》规定，商业银行在境内可以从事信托投资和股票业务。（ ）
13. 政策性银行能够代替商业银行的业务活动，成为信贷资金供应的主体。（ ）
14. 中央银行的业务经营对象与一般商业银行一样，都是直接对工商企业和个人提供金融服务。（ ）
15. 中央银行的货币发行业务形成流通中的货币。（ ）
16. 法定存款准备金是商业银行缴存中央银行的存款，而支付准备金是商业银行自行留用不缴存中央银行的现金准备。（ ）
17. 中央银行的贷款业务充分体现了其作为"银行的银行"的职能作用。（ ）
18. 中央银行的中间业务主要是指办理转账结算业务。（ ）
19. 商业银行的资产业务是最基本的业务，也是开办负债业务的前提和基础。（ ）
20. 商业银行对个人办理存款业务遵循"存款自愿、取款自由、存款有息、为储户保密"的原则。（ ）
21. 商业银行向中央银行借款主要是为了解决长期资金的需要。（ ）
22. 金融债券是商业银行筹集短期资金的有力工具。（ ）
23. 现金资产是商业银行资产中随时可以用于支付、流动性最强、盈利能力最高的资产。（ ）
24. 代理业务具有代客户服务的性质，所以要求转移财产所有权。（ ）
25. 我国目前储蓄存款实行个人存款账户实名制。（ ）

四、名词解释

1. 中央银行

2. 商业银行

3. 同业拆借

4. 法定存款准备金

5. 再贴现

6. 政策性银行

五、简答题

1. 中央银行的资产业务主要有哪些?

2. 商业银行经营管理原则是什么?

3. 目前我国商业银行为国内提供的结算方式主要有哪些?

4. 简述政策性银行的特征。

六、业务计算题

票据贴现的计算

某矿山机械厂从某钢铁公司购进积压钢锭,价值 500 万元,商定 6 个月后付款,采用商业汇票结算。钢铁公司于 5 月 10 日开出汇票,并经矿山机械厂承兑,汇票到期日为 11 月 10 日。6 月 8 日钢铁公司急需用款,向其开户银行申请贴现;经银行审查同意,于 10 日予以贴现,贴现年利率为 6.9%。问钢铁公司实际获得多少贴现款项?

七、案例分析题

1. 某银行在审查一笔 200 万元的个人经营性贷款时,通过查询个人征信系统,发现该客户在其他银行还有一笔 50 万元的贷款,还款付息正常。该银行对其抵押物、还款能力进行了综合分析,决定发放贷款 140 万元,并将审贷时间从一个多月缩短为两个星期。

(资料来源:中国人民银行网站)

思考分析:个人征信系统不仅能帮商业银行防范信用风险,节约信息收集、核实的成本,还能帮助个人积累信用财富,缩短借款周期。在日常生活中,我们应该怎样拥有良好的信用记录呢?

2. 有两个年轻人一起踏上工作岗位。10 年以后一个人通过有计划的财富积累拥有了一大笔资金，而另一个人平时不注意财富的积累，仍然一无所有。现代社会为财富积累提供了良好的机遇，按照财富时间价值计算，每个月你积累 2000 元，按保守的年投资回报率 2% 计算，10 年后你的财富就有 23 万元了，但是如果你没有这些积累，那 10 年后你就比别人至少少了 23 万元的财富。

（部分资料来源：中国人民银行网站）

思考分析：我们应该怎么做好理财规划，去把握现有的投资机遇，实现财富的积累？

3. 阅读、讨论并回答问题。

海南发展银行的关闭

1998 年 6 月 21 日，中国人民银行发表公告，关闭刚刚诞生 2 年零 10 个月的海南发展银行。

为什么开业不到三年，就被迫关闭了呢？

1993 年，海南的众多信托投资公司由于大量资金压在房地产上而出现了经营困难。在这个背景下，海南省决定成立海南发展银行，将 5 家已存在问题的信托投资公司合并为海南发展银行。据统计，合并时这五家机构的坏账损失总额已达 26 亿元。有关部门认为，可以靠公司合并后的规模经济和制度化管理，使它们的经营好转，信誉度上升，从而摆脱困境。后又有 28 家有问题的信用社并入海南发展银行，从而进一步加大了其不良资产的比例。

海南发展银行是在 1994 年 12 月 8 日经中国人民银行批准筹建，并于 1995 年 8 月 18 日正式开业的。但仅 1995 年 5 月至 9 月间，就已发放贷款 10.60 亿元，其中股东贷款 9.20 亿元，占贷款总额的 86.71%。绝大部分股东贷款都属于无合法担保的贷款；许多贷款的用途根本不明确；许多股东的贷款发生在其资本金到账后 1 月内，入股单位实际上是"刚拿来，又带走；拿来多少，带走多少"。这种不负责任的行为显然无法使海南发展银行走上健康发展的道路。

由于上述原因,海南发展银行从开业之日起就步履维艰——不良资产比例大,资本金不足,支付困难,信誉差。几个月后,海南发展银行耗尽了准备金,其贷款又无法收回。为保护海南发展银行,国家曾紧急调拨了34亿人民币抵御这场危机,但只是杯水车薪。为控制局面,化解金融风险,国务院和中国人民银行当机立断,宣布1998年6月21日关闭海南发展银行。

根据上述资料,请归纳分析海南发展银行倒闭的原因及对现代银行业发展的警示意义。

第七章 保险

一、单项选择题

1. 保险最基本的职能是（　　）。
A. 分散风险　　　　　　　　　　B. 经济补偿
C. 筹集资金　　　　　　　　　　D. 防灾防损

2. 保险的基本特征是（　　）。
A. 经济性　　　　　　　　　　　B. 互助性
C. 法律性　　　　　　　　　　　D. 科学性

3. 保险合同的客体是（　　）。
A. 保险人　　　　　　　　　　　B. 被保险人
C. 保险金额　　　　　　　　　　D. 保险利益

4. （　　）是指其财产或者人身受保险合同保障，享有保险金请求权的人。
A. 保险人　　　　　　　　　　　B. 投保人
C. 被保险人　　　　　　　　　　D. 受益人

5. 保险是一种合同行为，体现的是一种（　　）。
A. 分配关系　　　　　　　　　　B. 民事法律关系
C. 财务关系　　　　　　　　　　D. 民事关系

6. 保险合同的内容是指（　　）。
A. 保险合同的形式和条款　　　　B. 保险利益
C. 保险权利　　　　　　　　　　D. 保险义务

7. 人身保险是以（　　）作为保险标的。
A. 人的生命和身体机能　　　　　B. 对第三者应负的赔偿责任
C. 财产及其有关利益　　　　　　D. 保险人

8. （　　）是我国财产保险的主要险种。
A. 企业财产保险　　　　　　　　B. 家庭财产保险
C. 农业保险　　　　　　　　　　D. 责任保险

9. 按照保险合同规定，以死亡为给付保险金条件，且保险期间为固定年限的人寿保险是（　　）。

A. 定期寿险 B. 终身寿险
C. 两全保险 D. 年金保险

10. 按《中华人民共和国保险法》规定，对属于保险责任的，在与被保险人达成有关赔偿或给付保险金额协议后，（   ）日内履行赔偿或者给付保险金义务。

A. 2 B. 5
C. 8 D. 10

二、多项选择题

1. 保险的特征是（   ）。
A. 经济性 B. 互助性
C. 法律性 D. 科学性

2. 保险的职能是（   ）。
A. 经济补偿 B. 分散风险
C. 融资 D. 防灾防损

3. 保险的作用有（   ）。
A. 有利于企业生产的正常运行 B. 有利于人们生活的安定
C. 有助于促进个人或家庭消费的均衡 D. 有利于平衡国际收支

4. 保险合同的要素包括（   ）。
A. 主体 B. 客体
C. 动机 D. 内容

5. 保险合同的当事人包括（   ）。
A. 保险人 B. 被保险人
C. 投保人 D. 受益人

6. 保险合同条款主要包括（   ）等方面。
A. 保险责任 B. 保险期限
C. 保险金额 D. 保险费

7. 保险合同的形式主要有（   ）。
A. 投保单 B. 保险单
C. 暂保单 D. 保险凭证

8. 保险合同的特点有（   ）。
A. 保险合同是双务合同 B. 保险合同是特殊的有偿合同
C. 保险合同是附和合同 D. 保险合同是最大诚信合同

9. 保险合同的基本原则（   ）。
A. 保险利益原则 B. 最大诚信原则
C. 损失补偿原则 D. 近因原则

10. 保险人的权利和义务有（   ）。
A. 保险人有收取保险费的权利
B. 保险人对多收的保险费有退还的义务

C. 保险人在发生事故后，对被保险人和受益人有保险给付义务
D. 保险人对造成保险事故发生的第三人没有保险代位权

11. 保险公司的财产保险业务主要包括（　　）。
   A. 企业财产保险　　　　　　　　B. 家庭财产保险
   C. 责任保险　　　　　　　　　　D. 信用保险

12. 保险公司的人身保险业务主要包括（　　）。
   A. 人寿保险　　　　　　　　　　B. 意外伤害保险
   C. 健康保险　　　　　　　　　　D. 责任保险

13. 人寿保险的特征有（　　）。
   A. 给付性合同　　　　　　　　　B. 短期性
   C. 长期性　　　　　　　　　　　D. 储蓄性

14. 人寿保险的种类有（　　）。
   A. 短期保险　　　　　　　　　　B. 终身寿险
   C. 两全保险　　　　　　　　　　D. 年金保险

15. 健康保险的种类有（　　）。
   A. 疾病保险　　　　　　　　　　B. 医疗保险
   C. 失能收入补偿保险　　　　　　D. 社会保险

16. 信用保险的主要种类有（　　）。
   A. 商业信用保险　　　　　　　　B. 出口信用保险
   C. 进口信用保险　　　　　　　　D. 投资保险

17. 责任保险的主要险种有（　　）。
   A. 产品责任保险　　　　　　　　B. 雇主责任保险
   C. 职业责任保险　　　　　　　　D. 公众责任保险

三、判断题

1. 保险标的是保险利益存在的物质基础。（　　）
2. 受益人可以是投保人、被保险人和保险人。（　　）
3. 受益人是在保险合同中由投保人指定，在被保险人死亡后有权领取保险金的人。（　　）
4. 财产保险的保险标的必须是可以货币衡量价值的财产和相关利益。（　　）
5. 健康保险是以人的寿命和身体为保险对象的一种保险。（　　）
6. 保险合同是各种保险所必须采取的形式。（　　）
7. 保险期限是指保险合同签订和终止的时间。（　　）
8. 保险责任就是经济赔偿责任。（　　）
9. 财产保险就是保险人对被保险人的财产遭受损失时给予的经济补偿。（　　）
10. 信用保险的投保人只能是企业。（　　）
11. 责任保险是一种以被保险人对第三者依法应负的赔偿责任为保险标的的保险。（　　）

12. 人寿保险给付的条件是被保险人生存或死亡。（   ）

四、名词解释

1. 保险

2. 保险标的

3. 人身保险

4. 财产保险

5. 责任保险

6. 信用保险

五、简答题

1. 为什说经济补偿职能是保险最基本的职能?

2. 简述保险合同的要素。

3. 简述保险合同的基本原则。

4. 简述保险理赔程序。

5. 简述机动车辆保险。

六、案例分析题

1. 李某来山西旅游，在游览完山西应县木塔后，觉得应县木塔古老且是木制结构，怕出现倒塌发生意外，出于爱护国家财产的动机，自愿交付保险费为木塔投保。

思考分析：保险公司能否予以承保？

2. 李女士为其丈夫在某保险公司投保一份终身寿险，保险合同规定，如果李女士的丈夫身故，则保险公司向李女士给付身故保险金。

思考分析：（1）这一保险合同中的保险人、投保人、被保险人、受益人分别是谁？
（2）保险合同的标的是什么？

3. 王某向房东租借房屋，租期半年。租房合同中写明王某在租借期内应对房屋损坏负责，为此王某为所租借房屋投保火险一年。租期满后，王某按时退房。退房后半个月，房屋毁于火灾。于是王某以被保险人身份向保险公司索赔。

思考分析：（1）保险人是否承担赔偿责任，为什么？（2）如果王某在退房时，将保单转让给房东，房东是否能以被保险人身份向保险公司索赔？为什么？

4. 一企业为职工投保团体人身保险，保费由企业支付。职工老张指定妻子为受益人。半年后妻子与老张离婚，谁知离婚以后次日老张意外死亡。对保险公司给付的2万元保险金，企业以老张生前欠单位借款为由留下1万，另一半则以张妻已与老张离婚为由交给老张父母。

思考分析：（1）此企业如此处理是否正确？（2）保险金按理应给谁？为什么？

5. 张某为其妻子王某投保了一份人寿保险，保险金额为10万元，张某为受益人。半年后张某与妻子离婚，离婚次日王某意外死亡，保险公司按照保险合同给付10万元保险金。

思考分析：（1）若王某生前欠其好友刘某2万元，因此，刘某要求从保险金中支取2万元，你认为这种说法正确吗？为什么？（2）王某的父母提出，张某已与王某离婚而不再具有保险利益，因此，保险金应该由他们以继承人的身份作为遗产领取。你认为这种说法正确吗？为什么？

6. 李女士2012年10月16日在某保险公司买了一份养老保险，并附加了意外伤害保险及意外伤害医疗保险，2016年8月3日，家中高压锅爆炸造成李女士身上多处严重烫伤，医疗费用花费2万余元。刘女士向厂家索赔得到赔偿款1万元。因为烫伤较为严重，此后2年一直在不间断治疗，又花费1万余元，在治疗过程中同事告诉她可以向保险公司索赔，于是在2018年10月30日向保险公司申请意外医疗保险理赔。

思考分析：保险公司是否应受理李女士索赔申请，并给予赔偿？

7. 马女士刚买了一辆新车，并配备了比较齐全保险。因为车还没有上牌，而且小区没有停车场，她就把车停在自己楼下，当晚车被偷走。

思考分析：马女士去保险公司索赔是否能成功，为什么？

8. 一辆新轿车，实际价值 20 万元，在 A 保险公司投保车损险 20 万元。由于不慎发生交通事故，导致标的全损。查勘员小王在查勘过程中发现该车在 B 保险公司也投保了一份保额 20 万元的车损险。

思考分析：（1）该标的车辆的投保是否构成重复保险？（2）小王的保险公司对轿车的车损应如何赔付？

七、论述题

1. 试述我国保险公司经营的主要险种。

2. 试述保险的作用。

第八章 金融市场

一、单项选择题

1. （　　）是金融市场运行的基础。
   A. 商业银行　　　　　　　　　　B. 政府
   C. 证券公司　　　　　　　　　　D. 企业
2. 按照（　　）的不同，金融市场可以分为发行市场和流通市场。
   A. 金融交易期限　　　　　　　　B. 组织方式
   C. 交割方式　　　　　　　　　　D. 发行流通特征
3. 金融工具以书面形式流通，是（　　）的合法凭证。
   A. 商品交易关系　　　　　　　　B. 商品所有关系
   C. 资金所有关系　　　　　　　　D. 资金使用关系
4. 一般说来，短期债券的偿还期限是（　　）。
   A. 3年以下　　　　　　　　　　 B. 2年以下
   C. 1年以下　　　　　　　　　　 D. 6个月以下
5. 下述不属于金融工具的是（　　）。
   A. 现金货币　　　　　　　　　　B. 银行存款
   C. 股票债券　　　　　　　　　　D. 珠宝
6. 在债券发行活动中，债务人是（　　）。
   A. 债券发行者　　　　　　　　　B. 债券承销者
   C. 债券购买者　　　　　　　　　D. 债券持有者
7. 在封闭式基金的封闭期内，持有人不得申请赎回，只能在（　　）进行交易。
   A. 一级市场　　　　　　　　　　B. 二级市场
   C. 发行市场　　　　　　　　　　D. 证券公司
8. 下列金融工具中，不属于金融衍生工具的是（　　）。
   A. 金融期货合同　　　　　　　　B. 金融远期合约
   C. 金融期权合同　　　　　　　　D. 银行定期存款单
9. 按照（　　）的不同，金融衍生工具可以分为股权类产品的衍生工具、货币衍生工具、利率衍生工具、信用衍生工具。

A. 交易特点 B. 交易方式
C. 发行渠道 D. 基础金融工具
10. 票据再贴现质押式回购的回购金额（　　）质押票据的票面总额。
A. 可以超过 B. 应当超过
C. 不得超过 D. 等于
11. 国库券作为财政和金融政策的一种工具，由（　　）发行。
A. 中国人民银行 B. 财政部
C. 国务院 D. 各大银行
12. （　　）对股价变动影响最大，也最直接。
A. 利率 B. 汇率
C. 股息、红利 D. 物价
13. 证券市场按纵向结构关系由（　　）组成。
A. 股票市场和债券市场 B. 发行市场和流通市场
C. 股票市场和金融衍生品市场 D. 金融基础产品市场和金融衍生品市场
14. 不属于证券交易的基本程序是（　　）。
A. 开户、委托 B. 咨询价格
C. 竞价成交 D. 交割、过户
15. 即期外汇交易是在交易后的（　　）清算交割。
A. 当天 B. 当天或第二个营业日
C. 当天或第二天 D. 三天内

二、多项选择题

1. 金融市场包括（　　）。
A. 货币市场 B. 资本市场
C. 外汇市场 D. 黄金市场
2. 金融市场的主体是金融市场交易活动的参与者，包括（　　）。
A. 中央银行 B. 各级政府
C. 证券公司 D. 企业
3. 常见的直接融资方式有（　　）。
A. 股票市场融资 B. 债券市场融资
C. 银行信用融资 D. 消费信用融资
4. 政府债券是以政府名义发行并承诺到期还本付息的债务凭证。政府债券的特点是（　　）。
A. 安全性高 B. 流通性强
C. 收益稳定 D. 高额利息
5. 金融远期合约是交易双方按约定价格在未来日期买卖某种标的金融资产（或金融变量）的合约。它的内容主要包括（　　）。
A. 交割的地点 B. 交割的日期

C. 交割的价格 D. 交割的数量

6. 票据市场是以票据作为工具，通过票据的（   ）和（   ）进行融资活动的货币市场。

A. 发行 B. 承兑
C. 贴现 D. 交易

7. 目前，我国票据转贴现交易采用的询价交易方式的步骤包括（   ）。

A. 报价/询价 B. 双方协商
C. 格式化交谈 D. 确认成交

8. 记账式国库券的特点是（   ）。

A. 可挂失 B. 可转让
C. 无纸化 D. 交易价格固定

9. 证券投资基金的特点有（   ）。

A. 专业机构理财 B. 组合投资使风险分散
C. 按基金份额共担风险 D. 安全

10. 我国股票场内市场包括（   ）。

A. 沪深主板市场 B. 科创板市场
C. 创业板市场 D. 区域性股权市场

11. 目前，我国科创板市场主要服务（   ）企业。

A. 符合国家战略、突破关键核心技术、市场认可度高的科技创新企业
B. 新一代信息技术、高端装备、新材料、新能源、节能环保、生物医药等高新技术产业和战略性新兴产业
C. 互联网、大数据、云计算、人工智能和与制造业深度融合的科技创新企业
D. 在传统制造业领域市场认可度高的企业

12. 我国创业板市场的特点有（   ）。

A. 上市门槛高 B. 低风险
C. 高技术企业多 D. 国家监管严

13. 封闭式基金交易遵从（   ）原则。

A. 价格优先 B. 时间优先
C. 数量有限 D. 以上都选

14. 按外汇交易的期限，外汇市场分为（   ）。

A. 即期外汇市场 B. 长期外汇市场
C. 远期外汇市场 D. 短期外汇市场

15. 我国黄金市场的特点为（   ）。

A. 市场架构较完整 B. 市场架构不完整
C. 参与主体多样化 D. 参与主体单一

三、判断题

1. 直接融资是资金供应方闲置资金提供给金融机构，由金融机构把资金提供给需求

方的过程。（　）

2. 在整个金融体系中，直接融资和间接融资彼此各不相关，没有联系，因此无法反映出一个国家的金融结构。（　）

3. 分散风险和宏观调控是金融市场的最基本的功能。（　）

4. 按照发行流通的性质，金融市场可以划分为发行市场和流通市场。（　）

5. 场外交易市场在组织上比较松散，没有固定交易场所的市场，参与者通过电话、电报、网络等手段进行沟通和交易。（　）

6. 汇票是出票人签发的，委托办理该业务的银行在见票时无条件支付给收款人的票据。（　）

7. 票据贴现是以到期的商业票据交易。（　）

8. 票据转贴现是以未到期的也未贴现的票据交易。（　）

9. 银行同业拆借交易主要发生在金融机构之间，目的是为了弥补资金头寸的暂时不足。（　）

10. 债券是债权凭证，持有人与发行人之间是债权债务关系；股票是所有权凭证，股票所有者是发行股票公司的股东。（　）

11. 股票价格指数由证券交易所或金融服务机构编制，表明某一特定股票在某一特定时间点上的价格与过去某一特定时间点的价格相对变化的指标。（　）

12. 在中华人民共和国境内，私募基金以公开方式向私人投资者募集资金。（　）

13. 期货合约是由交易双方自由约定的，在将来某一特定的时间和地点交割一定数量和质量的商品的合同。（　）

14. 主板市场是一个国家或地区证券发行、上市及交易的主要场所。目前，我国的主板市场是上海证券交易所和深圳证券交易所。（　）

15. 汇率代表的是一个国家的货币对另一个国家的货币的价值。（　）

四、名词解释

1. 金融市场

2. 货币市场

3. 资本市场

4. 外汇市场

5. 金融工具

6. 票据

7. 债券

8. 股票

9. 证券投资基金

10. 金融衍生工具

五、简答题

1. 金融市场的特点有哪些？

2. 金融市场的构成要素有哪些？

3. 金融工具的特点有哪些？

4. 优先股的"优先"主要体现在哪些方面?

5. 债券的基本构成要素有哪些?

6. 货币市场的主要内容有哪些?

7. 资本市场有哪些特点?

8. 期货市场交易与现货市场交易的区别有哪些?

六、案例分析题

2018年11月5日,国家主席习近平在上海举行的首届中国国际进口博览会开幕式上宣布,将在上海证券交易所设立科创板并试点注册制,支持上海国际金融中心和科技创新中心建设,不断完善资本市场基础制度。

2019年1月30日,证监会发布《关于在上海证券交易所设立科创板并试点注册制的实施意见》,科创板精准定位于"面向世界科技前沿、面向经济主战场、面向国家重大需求",主要服务于符合国家战略、突破关键核心技术、市场认可度高的科技创新企业,重点支持新一代信息技术、高端装备、新材料、新能源、节能环保以及生物医药等高新技术产业和战略性新兴产业。3月1日,首次公开发行股票注册管理办法、上市公司持续监管办法,以及上市审核规则、发行与承销实施办法、股票上市规则、股票交易特别规定等一系列制度规则正式"落地",科创板制度框架确立。3月18日,发行上市审核系统正式"开工",标志着科创板向科创企业敞开大门,同月22日首批获受理企业亮相。6月5日,上交所召开科创板上市委员会2019年第一次审议会议,3家上会企业——深圳微芯生物科技股份有限公司、安集微电子科技(上海)股份有限公司、苏州天准科技股份有限公司全部获得审议通过。6月13日,在上海举行的第十一届陆家嘴论坛现场,科创板正式开板。目前,上交所共披露149家科创板申请公司,28家在证监会注册生效。

思考分析:结合科创板的发展历程,分析科创板给我国资本市场带来的影响。

七、论述题

1. 金融市场具有哪些功能?

2. 试述我国金融市场的发展历程。

第九章 国际金融

一、单项选择题

1. 当一国国际支出大于国际收入出现亏空时，称为（　　）。
   A. 国际收支顺差　　　　　　　　　B. 国际收支逆差
   C. 国际收支平衡　　　　　　　　　D. 盈余
2. 一国国际收支平衡表中最基本、最重要的项目是（　　）。
   A. 经常账户　　　　　　　　　　　B. 资本和金融账户
   C. 错误和遗漏账户　　　　　　　　D. 资产和负债账户
3. 不属于汇率标价方法的有（　　）。
   A. 直接法　　　　　　　　　　　　B. 间接法
   C. 美元法　　　　　　　　　　　　D. 英镑法
4. 人民币汇率采用（　　）标价法。
   A. 直接标价法　　　　　　　　　　B. 间接标价法
   C. 美元标价法　　　　　　　　　　D. 套算标价法
5. 2005年7月21日，我国改革人民币汇率形成机制，实行以市场为基础、参考一篮子货币进行调节、有管理的（　　）汇率制度。
   A. 浮动　　　　　　　　　　　　　B. 固定
   C. 半固定　　　　　　　　　　　　D. 半浮动
6. 一国货币对关键货币的汇率称为（　　）。
   A. 基本汇率　　　　　　　　　　　B. 套算汇率
   C. 固定汇率　　　　　　　　　　　D. 浮动汇率
7. 远期汇率大于即期汇率称为（　　）。
   A. 升水　　　　　　　　　　　　　B. 贴水
   C. 平价　　　　　　　　　　　　　D. 折价
8. 当一国出现国际收支逆差时，在外汇市场上表现为外汇需求大于供应，使本国货币汇率（　　）。
   A. 上升　　　　　　　　　　　　　B. 下降
   C. 保持不变　　　　　　　　　　　D. 都不是

9. 利率的上升会引起本国货币汇率的（　　）。
   A. 上升　　　　　　　　　　　　B. 下降
   C. 平衡　　　　　　　　　　　　D. 没有影响
10. 国际货币基金组织主要的资金来源是（　　）。
    A. 银行股份　　　　　　　　　　B. 成员缴纳份额
    C. 借款　　　　　　　　　　　　D. 业务净收益
11. 不属于国际储备的特征的有（　　）。
    A. 固定性　　　　　　　　　　　B. 普遍接受性
    C. 官方持有性　　　　　　　　　D. 自由兑换性
12. 银行现钞卖出价一般（　　）外汇卖出价。
    A. 高于　　　　　　　　　　　　B. 低于
    C. 等于　　　　　　　　　　　　D. 没有关系
13. 关于国际货币基金组织贷款的说法，正确的是（　　）。
    A. 该贷款通常没有附加政策条件
    B. 该贷款种类单一且固定不变
    C. 减贫与增长贷款是最早设立的一种贷款
    D. 该贷款主要帮助成员解决国际收支问题

二、多项选择题

1. 国际收支平衡表的内容包括（　　）。
   A. 经常项目　　　　　　　　　　B. 资本项目
   C. 平衡项目　　　　　　　　　　D. 其他项目
2. 国际收支平衡表中经常账户包括的项目有（　　）。
   A. 货物　　　　　　　　　　　　B. 服务
   C. 收益　　　　　　　　　　　　D. 经常转移
3. 根据投资类型或功能，金融账户可以分为（　　）等类。
   A. 直接投资　　　　　　　　　　B. 证券投资
   C. 其他投资　　　　　　　　　　D. 储备资产
4. 储备资产主要包括（　　）。
   A. 货币黄金　　　　　　　　　　B. 特别提款权
   C. 外汇资产　　　　　　　　　　D. 其他债权
5. 外汇具体包括（　　）。
   A. 外国货币　　　　　　　　　　B. 外币支付凭证
   C. 外币有价证券　　　　　　　　D. 特别提款权
6. 外汇按能否自由兑换可分为（　　）。
   A. 自由外汇　　　　　　　　　　B. 贸易外汇
   C. 记账外汇　　　　　　　　　　D. 非贸易外汇
7. 外汇按交割的期限不同可分为（　　）。

A. 贸易外汇 B. 非贸易外汇
C. 即期外汇 D. 远期外汇

8. 2010 年 6 月，我国再次启动人民币汇率改革，回归到（　　）的浮动汇率制度。

A. 单一有管理 B. 有管理
C. 盯住美元 D. 参考一篮子货币进行调节

9. 汇率的标价方法有（　　）。

A. 直接标价法 B. 间接标价法
C. 美元标价法 D. 套算标价法

10. 影响汇率变动的因素有（　　）。

A. 国际收支状况 B. 利率水平变动
C. 居民消费习惯 D. 通货膨胀程度

11. 国际信用包括（　　）等。

A. 国际商业信用 B. 国际银行信用
C. 国际金融机构信用 D. 国际间的政府信用

12. 国际商业信用主要包括（　　）。

A. 延期付款 B. 国际租赁
C. 补偿贸易 D. 来料加工

13. 国际银行信用主要包括（　　）。

A. 国际商业银行贷款 B. 项目贷款
C. 出口信贷 D. 进口信贷

14. 世界银行贷款的资金来源包括（　　）。

A. 银行股份 B. 转让债权
C. 借款 D. 利润收入

15. 主要的国际金融机构有（　　）。

A. 国际货币基金组织 B. 世界银行
C. 非洲开发银行 D. 亚洲基础设施投资银行

三、判断题

1. 国际收支平衡表的编制原则是非居民原则和收付实现制原则。（　　）
2. 泰铢和港币具备外汇普遍接受性特征。（　　）
3. 俄罗斯卢布的货币符号是 EUR。（　　）
4. 除美国和英国采用直接标价法外，世界上大多数国家采用间接标价法。（　　）
5. 美元标价法只有在美国才适用。（　　）
6. 现行的人民币汇率是固定汇率。（　　）
7. 外汇不等于外币。（　　）
8. 国际银行信用反映的是银行向出口商或进口商提供贷款所发生的债务关系，它是在商业信用基础上发展起来的。（　　）

四、名词解释

1. 国际收支平衡表

2. 外汇汇率

3. 外汇管理

4. 国际信用

5. 国际金融机构

五、简答题

1. 国际收支平衡的记账原则是什么？记录时间如何确定？

2. 一种外币成为外汇有哪些前提条件？

3. 影响汇率变动的主要因素有哪些?

4. 简述亚洲基础设施投资银行成立宗旨及主要业务内容。

六、计算题

1 美元 = 0.7678 英镑，1 日元 = 0.007608 英镑，则 1 美元等于多少日元？

七、案例分析题

搜集查找我国近三年的国际收支平衡表，分析与讨论我国国际收支的主要内容、特点及变化。

第十章 财政政策与货币政策

一、单项选择题

1. 财政政策的内容从构成来看不包括（　　）。
   A. 政策原则　　　　　　　　　　B. 政策目标
   C. 政策主体　　　　　　　　　　D. 政策工具

2. 财政政策的核心内容是（　　）。
   A. 财政政策主体　　　　　　　　B. 财政政策目标
   C. 财政政策工具　　　　　　　　D. 财政政策手段

3. 财政政策目标之一是经济增长，它要求经济（　　）增长。
   A. 长期高速　　　　　　　　　　B. 短期高速
   C. 保持低速　　　　　　　　　　D. 保持适当

4. 财政政策目标之一与社会成员的收入有关，它要求（　　）。
   A. 全民收入均等　　　　　　　　B. 全民高收入
   C. 全民低收入　　　　　　　　　D. 公平的收入分配

5. 根据财政政策（　　）划分，财政政策可以分为自动稳定的财政政策和相机抉择的财政政策。
   A. 调节国民经济总量方面的功能　B. 调节经济周期的作用
   C. 不同的侧重点　　　　　　　　D. 时效的长短

6. 财政支出是主要的财政政策工具之一，其中购买性支出对（　　）起作用。
   A. 经济稳定增长　　　　　　　　B. 充分就业
   C. 公平收入分配　　　　　　　　D. 物价稳定

7. 通过减少财政收入、扩大财政支出来增加和刺激社会总需求的财政政策称为（　　）。
   A. 扩张性财政政策　　　　　　　B. 紧缩性财政政策
   C. 中性财政政策　　　　　　　　D. 经济性财政政策

8. 通过增加财政收入、减少财政支出来减少和抑制社会总需求的财政政策称为（　　）。
   A. 扩张性财政政策　　　　　　　B. 紧缩性财政政策

C. 中性财政政策　　　　　　　　　　D. 经济性财政政策

9. 我国的货币政策目标是（　　）。

A. 稳定物价　　　　　　　　　　　B. 充分就业

C. 稳定币值，并以此促进经济增长　　D. 经济增长

10. 中央银行在金融市场上买进或卖出有价证券，借以调节货币供应量的货币政策工具是（　　）。

A. 存款准备金　　　　　　　　　　B. 再贴现

C. 公开市场业务　　　　　　　　　D. 利率

11. 通过降低存款准备金率、降低再贴现率等增加和刺激社会总需求的货币政策称为（　　）。

A. 扩张性货币政策　　　　　　　　B. 紧缩性货币政策

C. 中性货币政策　　　　　　　　　D. 经济性货币政策

12. 通过提高存款准备金率、提高再贴现率等减少和抑制社会总需求的货币政策称为（　　）。

A. 扩张性货币政策　　　　　　　　B. 紧缩性货币政策

C. 中性货币政策　　　　　　　　　D. 经济性货币政策

13. 下列能刺激经济增长，扩大就业，但会带来通货膨胀的是（　　）。

A. 双紧政策　　　　　　　　　　　B. 双松政策

C. 紧的财政政策与松的货币政策　　D. 松的财政政策与紧的货币政策

14. 经济过热，通货膨胀严重，要抑制社会总需求，应采取（　　）。

A. 双紧政策　　　　　　　　　　　B. 双松政策

C. 紧的财政政策与松的货币政策　　D. 松的财政政策与紧的货币政策

15. 下列不属于紧缩性财政政策对微观经济的影响的是（　　）。

A. 增加企业所得税　　　　　　　　B. 减少个人所得税

C. 减少政府投资　　　　　　　　　D. 减少政府转移性支出

二、多项选择题

1. 财政政策的目标是（　　）。

A. 物价稳定　　　　　　　　　　　B. 充分就业

C. 经济增长　　　　　　　　　　　D. 税收增加

2. 产生自动调节效应的财政政策工具主要是（　　）。

A. 累进所得税制　　　　　　　　　B. 消费税

C. 政府购买支付　　　　　　　　　D. 政府转移支付

3. 财政政策工具是（　　）。

A. 财政补贴　　　　　　　　　　　B. 税收

C. 国债　　　　　　　　　　　　　D. 政府投资

4. 税收对实现财政政策目标的作用主要体现在（　　）。

A. 对经济稳定增长的作用　　　　　B. 对资源合理配置的作用

C. 对公平收入分配的作用　　　　　D. 对增加就业的作用
5. 一般性货币政策工具包括（　　）。
   A. 存款准备金率　　　　　　　　B. 再贴现政策
   C. 公开市场业务　　　　　　　　D. 消费信用控制
6. 属于"双松"财政货币政策措施的是（　　）。
   A. 减少税收　　　　　　　　　　B. 扩大财政支出
   C. 降低利率　　　　　　　　　　D. 提高存款准备金率
7. 属于"双紧"财政货币政策措施的是（　　）。
   A. 增加税收　　　　　　　　　　B. 扩大财政支出
   C. 降低利率　　　　　　　　　　D. 提高存款准备金率
8. 扩张性财政政策的基本措施有（　　）。
   A. 减税　　　　　　　　　　　　B. 扩大财政支出规模
   C. 减少国债发行　　　　　　　　D. 增加国债发行
9. 货币政策的主要内容包括（　　）。
   A. 货币政策目标　　　　　　　　B. 货币政策工具
   C. 货币政策效应　　　　　　　　D. 货币政策主体
10. 扩张性货币政策的基本措施有（　　）。
    A. 降低存款准备金率　　　　　　B. 降低再贴现率
    C. 公开市场业务卖出有价证券　　D. 降低存放款利率
11. 紧缩性货币政策的基本措施有（　　）。
    A. 提高存款准备金率　　　　　　B. 提高再贴现率
    C. 公开市场业务收购有价证券　　D. 降低存放款利率
12. 财政政策与货币政策不同的侧重点有（　　）。
    A. 财政政策侧重分配领域，货币政策侧重流通领域
    B. 财政政策侧重结构，货币政策侧重总量
    C. 财政政策侧重经济增长，货币政策侧重物价稳定
    D. 财政政策侧重经济利益的公平分配，货币政策侧重提高经济运行的效率
13. 间接信用控制措施有（　　）。
    A. 道义劝告　　　　　　　　　　B. 窗口指导
    C. 消费信用控制　　　　　　　　D. 以上都对
14. 在经济滞胀条件下，如果政府选择的是以抑制通货膨胀为主的政策目标，那么应选择（　　）的政策组合。
    A. "松"财政　　　　　　　　　　B. "松"货币
    C. "紧"财政　　　　　　　　　　D. "紧"货币
15. 在经济滞胀条件下，如果政府选择的是以启动闲置资源，促进经济增长为主的政策目标，那么应选择（　　）的政策组合。
    A. "松"财政　　　　　　　　　　B. "松"货币
    C. "紧"财政　　　　　　　　　　D. "紧"货币

三、判断题

1. 目前，我国财政政策都是由中央政府制定的。（   ）
2. 稳定物价就是要让物价水平在很长时间内没有显著或急剧的波动。（   ）
3. 充分就业是要达到一国国内所有具有工作能力的人找到工作，并且取得合理的报酬。（   ）
4. 相机抉择的财政政策是财政政策中的"自动稳定器"。（   ）
5. 税收在分配形式上具有强制性、无偿性和固定性的特点。（   ）
6. 当社会需求过旺，经济发展过热时，增加财政购买性支出，可以抑制社会需求。（   ）
7. 经济繁荣、社会需求过旺、出现通货膨胀时，中央银行降低再贴现率，可以减少市场货币供应量，抑制社会总需求。（   ）
8. "双松"政策一般适用于社会总需求严重不足，生产资源未得到充分利用，劳动力就业充分的情况。（   ）
9. 减少企业所得税可以增加企业可支配的资金，促进企业投资需求增加，进而增加就业机会。（   ）
10. 财政政策侧重于经济利益的公平分配，货币政策侧重于提高经济运行的效率。（   ）

四、名词解释

1. 财政政策

2. 财政政策工具

3. 扩张性财政政策

4. 货币政策

5. 紧缩性货币政策

6. 存款准备金

7. 再贴现

8. 公开市场业务

五、简答题

1. 简述我国财政政策的目标。

2. 财政政策工具有哪些?

3. 简述我国货币政策的目标。

4. 货币政策的类型有哪些?

5. 选择性货币政策工具有哪些?

六、案例分析题

2020年,新冠肺炎病毒疫情持续蔓延,世界经济下行风险加剧。国内外专家预计此次疫情的影响可能超过2008年全球金融危机。为应对疫情影响,各国普遍加大了宏观政策调节力度。G20特别峰会声明,成员国向全球注入超过5万亿美元资金。

我国在2月21日召开的中央政治局会议首次提出,积极的财政政策要更加积极有为。

根据中央部署，我国财政政策持续加力，截至3月下旬，各级财政安排疫情防控资金超过1210亿元，计划全年新增减税降费超过1万亿元。3月27日召开的中央政治局会议进一步要求，抓紧研究提出积极应对的一揽子宏观政策措施，决定适当提高财政赤字率，发行特别国债，增加地方政府专项债券规模。积极财政政策补短板聚焦的主要方向包括以下几方面：一是加大关键基本公共服务财政投入。首先是医疗资源不足，这与我国公共卫生投入总体偏低、支出结构不合理有关。新增财政支出应进一步支持提升卫生防疫的作用，结合分级诊疗改革方向，科学布局并加大医院、卫生服务中心、卫生院和诊所投入，高水平建设医护院校和科研院所，加大医护人员培养和科学研究。其次是科学和人文素养欠缺，增加了防控成本。要支持提高高等职业教育和普通高等教育普及率，优化学科结构；同时，组建专门队伍，采用多种渠道，持续开展科学和人文知识普及。二要着眼提升产业基础能力和产业链水平。疫情初期，防护、检验和救治用品匮乏，物资流通受阻、调配能力不足，极大制约防控进展和生产生活。疫情在全球扩散后，部分国家对粮食等农产品限制出口，石油等能源市场剧烈波动，我国面临汽车、机械设备、发动机等高新技术产品进口断供风险。财政政策要汲取经验教训，抓住关键环节，确保产业链安全可控。一方面，系统梳理财政补贴和优惠政策，该退的退；另一方面，发挥制度优势，积极地进取。重点加大高标准基本农田和水利建设投入，确保农业安全；提高油气管线建设、电力基础设施建设和能源储备投入，降低用能成本；增强对"卡脖子"技术和行业的支持；完善财政贴息和税收优惠政策，支持仓储物流等行业发展，提升物质储存和调配能力。三要推动形成优势互补的区域经济格局。中心城市和城市群正在成为承载发展要素的主要空间形式，据此应一方面集中力量推进京津冀协同发展、长三角一体化发展、粤港澳大湾区建设、成渝经济圈建设，打造世界级创新平台和增长极；另一方面，加强铁路、机场、港口等区域枢纽城市的扶持，发挥其接入中心、辐射腹地的作用。着重加大中心城市和城市群城际铁路、高等级公路和信息基础设施建设。提高中心城市和城市群连接区域枢纽城市间的交通基础设施密度，畅通区域间联系。总之，我国经济已由高速增长阶段转向高质量发展阶段，要求建设现代化经济体系推进高质量发展，并从产业结构、区域结构、城乡结构等多个维度作出具体部署。

思考分析：结合上述材料谈谈目前我国实施的积极的财政政策对经济有何影响。

七、论述题

1. 试述财政政策对微观经济的影响。

2. 试述我国财政政策与货币政策配合调控宏观经济运行的成效。